AF498195

NOTICE

SUR LES

TRAVAUX SCIENTIFIQUES

M. Désiré ANDRÉ,

PROFESSEUR HONORAIRE,

LAURÉAT DE L'ACADÉMIE DES SCIENCES (PRIX PONCELET).

PARIS,

GAUTHIER-VILLARS, IMPRIMEUR-LIBRAIRE

DU BUREAU DES LONGITUDES, DE L'ÉCOLE POLYTECHNIQUE,

Quai des Grands-Augustins, 55.

1910

GRADES, TITRES ET DISTINCTIONS.

I. — UNIVERSITÉ.

1860. Élève de l'École Normale supérieure;

1862. Licencié ès sciences mathématiques;

1862. Licencié ès sciences physiques;

1863. Agrégé de l'Université (Sciences mathématiques);

1877. Docteur ès sciences mathématiques;

Professeur à la Faculté des Sciences de Dijon (Mathématiques appliquées);

Professeur honoraire du Collège Stanislas (Mathématiques spéciales);

Professeur honoraire de l'Institut catholique de Paris (Analyse mathématique).

II. — SOCIÉTÉS SAVANTES.

1872. L'un des fondateurs de la Société mathématique de France;

1876. Membre titulaire de la Société philomathique de Paris;

1889. Président de la Société mathématique de France;

1890. Membre du Cercle mathématique de Palerme;

1903. Président, pour la seconde fois, de la Société philomathique de Paris;

1904. Membre correspondant de l'Académie pontificale romaine des Nuovi Lincei;

1906. Membre ordinaire de cette même Académie.

GRADES, TITRES ET DISTINCTIONS.

I. — UNIVERSITÉ.

1860. Élève de l'École Normale supérieure;

1862. Licencié ès sciences mathématiques;

1862. Licencié ès sciences physiques;

1863. Agrégé de l'Université (Sciences mathématiques);

1877. Docteur ès sciences mathématiques;

 Professeur à la Faculté des Sciences de Dijon (Mathématiques appliquées);

 Professeur honoraire du Collège Stanislas (Mathématiques spéciales);

 Professeur honoraire de l'Institut catholique de Paris (Analyse mathématique).

II. — SOCIÉTÉS SAVANTES.

1872. L'un des fondateurs de la Société mathématique de France;

1876. Membre titulaire de la Société philomathique de Paris;

1889. Président de la Société mathématique de France;

1890. Membre du Cercle mathématique de Palerme;

1903. Président, pour la seconde fois, de la Société philomathique de Paris;

1904. Membre correspondant de l'Académie pontificale romaine des Nuovi Lincei;

1906. Membre ordinaire de cette même Académie.

III. — DISTINCTIONS HONORIFIQUES.

1878. Lauréat du Ministère de l'Instruction publique pour ses travaux mathématiques;

1881. Lauréat de l'Académie de Bordeaux pour une étude sur les travaux
scientifiques de Montesquieu;

1887. Officier d'Académie;

1893. Officier de l'Instruction publique;

1897. Chevalier de la Légion d'honneur;

1904. Lauréat de l'Académie des Sciences.

ÉNUMÉRATION

DE MES

PRINCIPAUX TRAVAUX MATHÉMATIQUES

ANTÉRIEURS A 1904.

I. — Factorielles.

(Voir la brochure Liste et résumé, p. 11.)

Théorème nouveau sur les factorielles (*Bulletin de la Société mathématique de France*, t. I, 1873, p. 84-86).

Considérant dans ce Mémoire les systèmes de nombres entiers, j'ai introduit la notion toute nouvelle des systèmes premiers d'ordre k.

Sur la divisibilité d'un certain quotient par les puissances d'une certaine factorielle (*Comptes rendus de l'Académie des Sciences*, t. XCIV, 1882, p. 426-428).

Théorème d'arithmétique (*Nouvelles Annales de Mathématiques*, 2e série, t. XI, 1872, p. 314-319).

Sur une formule d'Arithmétique (*Nouvelles Annales de Mathématiques*, 2e série, t. XIII, 1874, p. 185-189).

II. — Combinaisons régulières.

(Voir Liste et résumé, p. 14.)

Mémoire sur les combinaisons régulières et leurs applications (*Annales scientifiques de l'École Normale supérieure*, 2e série, t. V, 1876, p. 155-198.)

Les combinaisons régulières, d'ordre p, de m lettres, n à n, sont les combinaisons où une même lettre peut entrer jusqu'à p fois, mais non pas davantage. Ces combinaisons ont une importance capitale. Elles permettent de généraliser la formule du binome, le triangle de Pascal, etc.

Réponse à une question de M. N.-H. Hatzidakis (*L'Intermédiaire des Mathématiciens*, t. IX, 1902, p. 53-54).

III. — Problèmes combinatoires divers.

(*Voir Liste et résumé*, p. 21.)

Sur les combinaisons simples (*Nouvelles Annales de Mathématiques*, 2ᵉ série, t. X, 1874, p. 221-223).

Sur une question d'Analyse combinatoire, dans un cas particulier (*Journal de Mathématiques élémentaires*, t. I, 1877, p. 165).

Sur une question d'Analyse combinatoire (*Bulletin de la Société mathématique de France*, t. V, 1877, p. 150-158).

Cette question d'Analyse combinatoire a un énoncé très général. J'en donne la solution complète, en m'appuyant sur la théorie des suites récurrentes.

IV. — Problèmes sur les permutations et arrangements.

(*Voir Liste et résumé*, p. 24.)

Détermination du nombre des arrangements complets où les éléments consécutifs satisfont à des conditions données (*Bulletin de la Société mathématique de France*, t. VII, 1879, p. 43-63).

Je donne en ce Mémoire les solutions de quatre problèmes difficiles, se rapportant respectivement à l'alphabet, à la musique, au jeu de dames, au jeu d'échecs. Je fais suivre ces solutions de quelques réflexions, les premières, peut-être, qu'on ait jamais écrites, sur la méthode en Analyse combinatoire.

Détermination du nombre des arrangements complets où les éléments consécutifs satisfont à des conditions données (*Comptes rendus de l'Académie des Sciences*, t. LXXXVII, 1878, p. 838-840).

Étude sur les permutations de deux espèces de lettres (Volume du *Centenaire de la Société philomathique de Paris*, 1888, p. 35-42).

V. — Assauts complets.

(*Voir Liste et résumé*, p. 29.)

De la comptabilité des assauts complets (*Bulletin de la Société philomathique de Paris*, 9ᵉ série, t. I, 1898-1899, p. 139-153).

Dans les concours d'escrime, les rangs se disputent par un ensemble de combats ayant lieu chacun entre deux concurrents. En escrime, les concurrents se nomment *tireurs;* un combat entre deux tireurs est un *jeu;* l'ensemble de plusieurs jeux, un *assaut.* Lorsque les tireurs se battent entre eux deux à deux, de toutes les manières possibles, l'assaut devient une *poule;* je l'appelle un *assaut complet.*

De l'organisation des assauts complets (*Bulletin de la Société philomathique de Paris*, 9ᵉ série, t. II, 1899-1900, p. 45-73).

Organisation et comptabilité des assauts complets; manuel pratique (1 vol. in-8º, Paris, Belin frères, 1900).

Question 1902 (*L'Intermédiaire des Mathématiciens*, t. VII, 1900, p. 265-266).

Supplément à la comptabilité des assauts complets (*Bulletin de la Société philomathique de Paris*, 9ᵉ série, t. II, 1899-1900, p. 77-83).

VI. — Séquences.

(Voir *Liste et résumé*, p. 34.)

Sur le nombre des permutations de n éléments qui présentent s séquences (*Comptes rendus de l'Académie des Sciences*, t. XCVII, 1883, p. 1356-1358).

A toute permutation des n premiers nombres, correspond une ligne brisée formée de $n - 1$ éléments ou côtés. Cette ligne est évidemment composée de suites alternatives de côtés tous montants ou tous descendants : chacune de ces suites est une *séquence.* La notion de séquence a été imaginée par Bienaymé en 1875. C'est moi qui l'ai étudiée et développée.

Étude sur les maxima, minima et séquences des permutations (*Annales scientifiques de l'École Normale supérieure*, 3ᵉ série, t. I, 1884, p. 121-134).

Énoncé d'un théorème (*Bulletin de la Société mathématique de France*, t. XXI, 1893, p. 131).

Mémoire sur le triangle des séquences (*Recueil dit des Savants étrangers*, t. XXXII, 1895, p. 1-92).

De tous les Mémoires que j'ai écrits avant 1904, c'est celui qui présente le plus d'étendue et qui a eu le sort le plus honorable. Présenté à l'Académie des Sciences le 12 mars 1894, en même temps que la Note correspondante, il y a été, le 7 mai suivant, l'objet d'un Rapport fort élogieux de M. Darboux et, conformément aux conclusions de ce Rapport, l'Académie en a décidé l'insertion au *Recueil des Savants étrangers*).

Sur le triangle des séquences (*Comptes rendus de l'Académie des Sciences,* t. XCVIII, 1894, p. 575-578).

VII. — Permutations alternées et permutations quasi-alternées.

(Voir *Liste et résumé*, p. 40.)

Développements de séc x et de tang x (*Comptes rendus de l'Académie des Sciences,* t. LXXXVIII, 1879, p. 965-967).

Sur les permutations alternées (*Journal de Mathématiques pures et appliquées,* 3e série, t. VII, 1881, p. 167-184).

J'ai appelé *permutations alternées* des n premiers nombres celles où chaque élément est alternativement plus grand ou plus petit que le précédent. Le nombre des permutations alternées de n éléments est toujours pair; je le désigne par $2A_n$ et je montre que sa moitié A_n est le coefficient de $\frac{x^n}{n!}$ dans le développement de séc x ou de tang x, suivant que n est pair ou impair. Ce résultat tout à fait inattendu, établit une sorte de relation entre l'Analyse combinatoire et les développements trigonométriques. Il fait voir que les coefficients des développements de séc x et de tang x ont une signification combinatoire et par conséquent une existence propre, indépendante de tout développement. Ces nombre A_n pourraient, à eux seuls, remplacer les nombres de Bernoulli et les nombres d'Euler. Un jeune géomètre, M. Estanave, les a nommés, dans un Mémoire récent, *les nombres de Désiré André.*

Mémoire sur les permutations quasi alternées (*Journal de Mathématiques pures et appliquées,* 5e série, t. I, 1895, p. 315-350).

Sur les permutations quasi alternées (*Comptes rendus de l'Académie des Sciences,* t. CXIX, 1894, p. 947-949).

Démonstration directe de la relation qui existe entre le nombre des permutations alternées et celui des permutations quasi alternées (*Bulletin de la Société philomathique de Paris,* 8e série, t. VIII, 1895-1896, p. 5-9).

Réponse à une question de M. E.-N. Barisien (*L'Intermédiaire des Mathématiciens,* t. VIII, 1901, p. 125).

VIII. — Les deux espèces de permutations et les couples actifs.

(Voir *Liste et résumé*, p. 45.)

*Sur le nombre des permutations de *n* éléments qui présentent *s* séquences (*Comptes rendus de l'Académie des Sciences*, t. XCVII, 1883, p. 1356-1358).

*Étude sur les maxima, minima et séquences des permutations (*Annales scientifiques de l'École Normale supérieure*, 3e série, t. I, 1884, p. 121-134).

Démonstration nouvelle d'un théorème sur les permutations (*Bulletin de la Société philomathique de Paris*, 8e série, t. III, 1891, p. 153-155).

J'ai appelé *permutations de la première espèce* celles qui ont chacune un nombre pair de séquences; *permutations de la seconde espèce*, celles qui en ont chacune un nombre impair. Le théorème que je démontre est celui-ci : *Dès que n dépasse 3, parmi les permutations des n premiers nombres, il y a autant de permutations de la seconde espèce qu'il y en a de la première.*

*Mémoire sur le triangle des séquences (*Recueil* dit *des Savants étrangers*, t. XXXII, 1895, p. 1-92).

Mémoire sur les couples actifs des permutations (*Bulletin de la Société mathématique de France*, t. XXXI, 1903, p. 105-140).

Lorsque, dans ma permutation quelconque des *n* premiers nombres, on permute deux éléments entre eux, tantôt cette permutation change d'espèce, tantôt elle n'en change pas. Dans le premier cas, les éléments permutés forment un *couple actif;* dans le second, un *couple inactif.*

Sur les couples actifs des permutations (*Comptes rendus de l'Académie des Sciences*, t. CXXXVI, 1903, p. 295-297).

IX. — Partage des permutations en quatre groupes.

(Voir *Liste et résumé*, p. 5o.)

Sur le partage en quatre groupes des permutations des *n* premiers nombres (*Comptes rendus de l'Académie des Sciences*, t. CXV, 1892, p. 872-874).

Les permutations des *n* premiers nombres sont : de la première ou de la seconde classe, selon qu'elles présentent un nombre pair ou impair de dérangements; de la première ou de la seconde espèce, selon qu'elles présentent un

A.   2

nombre pair ou impair de séquences. Il suit évidemment de là, si l'on tient compte à la fois des séquences et des dérangements, que les permutations des n premiers nombres se partagent en quatre groupes.

Sur le partage en quatre groupes des permutations des n premiers nombres (*Bulletin de la Société philomathique de Paris*, 8e série, t. V, 1892-1893, p. 33-56).

X. — Séquences des permutations circulaires.

(Voir *Liste et résumé*, p. 53.)

Mémoire sur les séquences des permutations circulaires (*Bulletin de la Société mathématique de France*, t. XXIII, 1895, p. 122-184).

Les permutations circulaires des n premiers nombres ne sont autre chose que les groupes qu'on obtient en plaçant ces n nombres sur un cercle dans tous les ordres possibles. Il était naturel de leur étendre la notion de séquence. C'est ce que j'ai fait en 1893.

Sur les séquences des permutations circulaires (*Comptes rendus de l'Académie des Sciences*, t. CXX, 1895, p. 714-717).

XI. — Probabilités.

(Voir *Liste et résumé*, p. 58.)

Probabilité pour qu'une permutation donnée de n lettres soit une permutation alternée (*Comptes rendus de l'Académie des Sciences*, t. XCVII, 1883, p. 983-984).

Solution directe d'un problème résolu par M. Bertrand (*Comptes rendus de l'Académie des Sciences*, t. CV, 1887, p. 436-437).

M. J. Bertrand avait énoncé ce problème et en avait donné la solution dans la séance de l'Académie des Sciences du 22 août 1887. Cette solution, il l'avait, disait-il, obtenue par des calculs assez compliqués; mais il pensait que, vu sa simplicité, elle devait pouvoir s'obtenir plus facilement. Dans la Note que j'ai présentée à l'Académie dans la séance du 5 septembre suivant, je l'obtiens en effet sans calcul. Ma méthode est simple et rapide : J. Bertrand a bien voulu la déclarer élégante et la reproduire dans son *Calcul des Probabilités*.

Mémoire sur les couples actifs des permutations (*Bulletin de la Société mathématique de France*, t. XXXI, 1903, p. 105-140).

XII. — Règle des signes de Descartes.

(Voir *Liste et résumé*, p. 62.)

Abaissement des limites fournies par la règle des signes de Descartes (*Comptes rendus de l'Académie des Sciences*, t. XCVIII, 1884, p. 212-214).

Mémoire sur la multiplication dont le multiplicateur est la somme $x + \alpha$ (*Annales scientifiques de l'École Normale supérieure*, 2e série, t. XII, supplément, 1883, p. 3-32).

Nombre exact des variations gagnées dans la multiplication par $x - \alpha$ (*Comptes rendus de l'Académie des Sciences*, t. XCVIII, 1884, p. 292-293).

Mémoire sur la multiplication dont le multiplicateur est la différence $x - \alpha$ (*Annales scientifiques de l'École Normale supérieure*, 2e série, t. XII, supplément, 1883, p. 33-34).

Sur une équation du degré m qui n'a jamais plus de deux racines réelles (*Comptes rendus de l'Académie des Sciences*, t. XCVIII, 1884, p. 417-419).

Théorème permettant de constater que certaines équations algébriques n'ont aucune racine positive (*Comptes rendus de l'Académie des Sciences*, t. XCVIII, 1884, p. 561-562).

Nombre exact des variations gagnées ou perdues dans la multiplication du polynome $f(x)$ par le binome $x^i \pm \alpha$ (*Comptes rendus de l'Académie des Sciences*, t. XCIX, 1884, p. 182-184).

Sur le nombre des variations d'un polynome entier en x, dont les coefficients dépendent d'un paramètre α (*Annales scientifiques de l'École normale supérieure*, 3e série, t. II, 1885, p. 75-92).
Je donne dans ce Mémoire le moyen de suivre les changements qui se produisent dans le nombre des variations de ce polynome lorsque α croît de 0 à $+ \infty$, et ce moyen est en quelque sorte un procédé géométrique.

XIII. — Formes algébriques et déterminants.

(Voir *Liste et résumé*, p. 72.)

Théorème de Statique (*Nouvelles Annales de Mathématiques*, 2e série, t. X, 1871, p. 497-503).

Théorème sur les formes quadratiques (*Bulletin de la Société mathématique de France*, t. XI, 1887, p. 188-191).

Réponse à une question de M. Buenger (*L'Intermédiaire des Mathématiciens*, t. III, 1896, p. 216-217).

Théorème nouveau de réversibilité algébrique (*Bulletin de la Société mathématique de France*, t. XXIV, 1896, p. 136-139).

XIV. — Séries déterminées à la façon des séries récurrentes.

(Voir *Liste et résumé*, p. 75.)

Terme général d'une série quelconque, déterminée à la façon des séries récurrentes. Seconde Thèse (*Annales scientifiques de l'École Normale supérieure*, 2e série, t. VII, 1878, p. 375-408).
Les séries étudiées dans ce Mémoire n'avaient encore jamais été considérées. On peut les définir ainsi : *Les séries où chaque terme est égal à une quantité quelconque, constante ou variable, plus la somme d'un nombre quelconque, constant ou variable, des termes précédents, multipliés respectivement par des coefficients quelconques, constants ou variables.*

Problème sur les équations génératrices des séries récurrentes (*Bulletin de la Société mathématique de France*, t. VI, 1878, p. 166-170).

XV. — Sommation des séries entières.

(Voir *Liste et résumé*, p. 81.)

Sommation de certaines séries (*Annales scientifiques de l'École Normale supérieure*, 2e série, t. VIII, 1879, p. 239-246).

Sommation de certaines séries (*Comptes rendus de l'Académie des Sciences*, t. LXXXVI, 1878, p. 1017-1019).

Second Mémoire sur la sommation des séries (*Annales scientifiques de l'École Normale supérieure*, 2ᵉ série, t. IX, 1880, p. 209-226).

Sur la sommation des séries (*Comptes rendus de l'Académie des Sciences*, t. LXXXVII, 1878, p. 973-975).

Troisième Mémoire sur la sommation des séries (*Annales scientifiques de l'École Normale supérieure*, 2ᵉ série, t. XII, 1883, p. 191-198).

Sur la sommation d'une espèce particulière de séries (*Comptes rendus de l'Académie des Sciences*, t. LXXXVIII, 1879, p. 740-741).

Solution d'un problème général sur les séries (*Comptes rendus de l'Académie des Sciences*, t. XCII, 1881, p. 697-698).

La solution de ce problème général nous fournit le moyen de sommer une infinité de séries. Grâce à elle, en effet, dès que nous connaissons la somme $f(x)$ d'une série, nous pouvons écrire la somme $F(x)$ de chacune des séries qu'on obtient en multipliant les termes de la série $f(x)$ par les termes correspondants d'une série récurrente quelconque. Bien plus, notre méthode nous permet de classer en espèces les séries algébriques que nous considérons.

Sur les séries ordonnées suivant les puissances croissantes d'une variable (*Annales scientifiques de l'École Normale supérieure*, 2ᵉ série, t. XII, 1883, p. 287-300).

XVI. — Procédés d'intégration.

(Voir Liste et résumé, p. 87.)

Intégration des équations différentielles linéaires à coefficients quelconques, avec ou sans second membre (*Comptes rendus de l'Académie des Sciences*, t. LXXXIV, 1877, p, 1018-1020).

Cette méthode repose sur la considération de l'équation dérivée de l'équation différentielle étudiée et aussi sur l'expression que nous avons donnée, dans notre seconde Thèse, pour le terme général des séries déterminées à la façon des séries récurrentes.

Intégration, sous forme finie, de trois espèces d'équations différentielles linéaires, à coefficients variables (*Journal de Mathématiques pures et appliquées*, 3ᵉ série, t. VI, 1880, p. 27-48).

Intégration, sous forme finie, de trois espèces d'équations différentielles linéaires, à coefficients quelconques (*Comptes rendus de l'Académie des Sciences*, t. LXXXVIII, 1879, p. 230-232).

Intégration, sous forme finie, d'une quatrième espèce d'équations différentielles linéaires, à coefficients variables (*Journal de Mathématiques pures et appliquées*, 3e série, t. VII, 1881, p. 283-288).

Intégration, sous forme finie, d'une nouvelle espèce d'équations différentielles linéaires, à coefficients variables (*Comptes rendus de l'Académie des Sciences*, t. XCII, 1881, p. 121-123).

Sur les équations différentielles linéaires, à coefficients constants ou variables, dont l'équation dérivée est régulière (*Bulletin de la Société philomathique de Paris*, 9e série, t. VI, 1903-1904, p. 64-67).

XVII. — Développements des fonctions elliptiques.

(Voir *Liste et résumé*, p. 93.)

Sur le développement des fonctions elliptiques et de leurs puissances (*Comptes rendus de l'Académie des Sciences*, t. LXXXIII, 1876, p. 135-136).

Développements en séries des fonctions elliptiques et de leurs puissances. Première Thèse (*Annales scientifiques de l'École Normale supérieure*, 2e série, t. VI, 1877, p. 265-328).

(C'est principalement pour mes deux Thèses de Doctorat que j'ai été, en 1878, lauréat du Ministère de l'Instruction publique et des Beaux-Arts.)

Forme générale des coefficients de certains développements (*Comptes rendus de l'Académie des Sciences*, t. LXXXV, 1877, p. 786-787).

Sur le développement de la fonction elliptique $\lambda(x)$, suivant les puissances croissantes du module (*Annales scientifiques de l'École Normale supérieure*, 2e série, t. VIII, 1879, p. 151-168).

Note sur le développement des puissances de certaines fonctions (*Bulletin de la Société mathématique de France*, t. VI, 1878, p. 120-121).

Sur le développement de la fonction elliptique $\mu(x)$, suivant les puissances croissantes du module (*Bulletin de la Société mathématique de France*, t. VI, 1878, p. 163-165).

Développements par rapport au module des fonctions elliptiques $\lambda(x)$, $\mu(x)$ et de leurs puissances (*Annales scientifiques de l'École Normale supérieure*, 2ᵉ série, t. IX, 1880, p. 107-118).

Sur les développements, par rapport au module, des fonctions elliptiques $\lambda(x)$, $\mu(x)$ et de leurs puissances (*Comptes rendus de l'Académie des Sciences*, t. LXXXVI, 1878, p. 1323-1325).

XVIII. — Développements des fonctions Al de Weierstrass.

(Voir *Liste et résumé*, p. 100.)

Sur le développement des fonctions de M. Weierstrass suivant les puissances croissantes de la variable (*Comptes rendus de l'Académie des Sciences*, t. LXXXV, 1877, p. 1108-1110).

Les quatre fonctions dues à Weierstrass et représentées d'ordinaire par les notations $Al(x)$, $Al_1(x)$, $Al_2(x)$, $Al_3(x)$ dépendent de la variable x et d'une indéterminée k qui en est le *module*. Elles peuvent être développées en séries suivant les puissances ascendantes soit de x, soit de k^2. J'ai obtenu la forme des coefficients de ces deux sortes de développements pour chacune des trois premières fonctions Al. La quatrième, on le sait, se ramène immédiatement à la troisième.

Sur le développement des fonctions de M. Weierstrass suivant les puissances croissantes de la variable (*Journal de Mathématiques pures et appliquées*, 3ᵉ série, t. V, 1879, p. 31-46).

Développements des trois fonctions $Al(x)$, $Al_1(x)$, $Al_2(x)$ suivant les puissances croissantes du module (*Journal de Mathématiques pures et appliquées*, 3ᵉ série, t. V, 1879, p. 131-142).

Sur les développements des fonctions $Al(x)$, $Al_1(x)$, $Al_2(x)$ suivant les puissances croissantes du module (*Comptes rendus de l'Académie des Sciences*, t. LXXXVI, 1878, p. 1498-1499).

ÉNUMÉRATION ET ANALYSE

DE MES

PRINCIPAUX TRAVAUX MATHÉMATIQUES

POSTÉRIEURS A 1903.

I.

Liste et résumé de mes principaux travaux mathématiques. (1 vol. in-8º raisin, de 106 pages. Paris, Gauthier-Villars, 1904.)

Cette brochure, comme son titre l'indique, contient la liste et le résumé de mes principaux travaux mathématiques antérieurs à 1904. C'est à elle que, dans tout ce qui précède, j'ai constamment renvoyé le lecteur. C'est elle, sans doute, qui a suggéré, aux Membres de l'Académie des Sciences, l'idée de me décerner le prix Poncelet, en 1904, pour l'ensemble de mes travaux sur l'Analyse combinatoire.

II.

Sur les sommes des nombres, pris de quatre en quatre, des combinaisons régulières d'ordre quelconque (*Bulletin de la Société mathématique de France*, t. XXXIII, 1905, p. 159-170).

Nous nous étions occupé déjà, à plusieurs reprises, des combinaisons régulières, notamment dans notre Mémoire de 1876, analysé à la page 14 de notre brochure *Liste et résumé*. Les combinaisons régulières d'ordre a de m lettres, n à n, ne sont autre chose que les coefficients du développement de

$$(1 + x + x^2 + \ldots + x^a)^m,$$

et nous les désignons par

$$(m, 0)_a, \quad (m, 1)_a, \quad (m, 2)_a, \quad \ldots, \quad (m, ma)_a.$$

Ces nombres $(m, n)_a$ peuvent être disposés en un triangle où les lignes corres-

A.

pondent aux valeurs $1, 2, 3, \ldots$ de m, et les colonnes aux valeurs $0, 1, 2, \ldots$ de n. A chaque valeur de a correspond un triangle. Dans le triangle d'ordre a, la ligne de rang m nous présente $ma + 1$ termes qui sont justement les nombres

$$(m, 0)_a, \quad (m, 1)_a, \quad (m, 2)_a, \quad \ldots, \quad (m, ma)_a.$$

Si nous additionnons ces termes de quatre en quatre, de toutes les manières possibles, nous obtenons quatre sommes que nous représentons par les symboles

$$S_m^0, \quad S_m^1, \quad S_m^2, \quad S_m^3,$$

l'indice supérieur n'étant que la valeur de n dans le terme par lequel on commence l'addition.

Dans le triangle d'ordre a, chaque ligne donne ainsi quatre sommes. Placées les unes sous les autres, ces sommes forment le rectangle

$$
\begin{array}{cccc}
S_1^0, & S_1^1, & S_1^2, & S_1^3, \\
S_2^0, & S_2^1, & S_2^2, & S_2^3, \\
S_3^0, & S_3^1, & S_3^2, & S_3^3, \\
S_4^0, & S_4^1, & S_4^2, & S_4^3, \\
S_5^0, & S_5^1, & S_5^2, & S_5^3, \\
\ldots\ldots\ldots\ldots\ldots\ldots,
\end{array}
$$

dont les quatre colonnes s'étendent indéfiniment vers le bas. C'est ce rectangle que nous avons étudié, d'abord dans ses éléments, ensuite dans ses lignes et enfin dans ses colonnes. Cette étude nous a conduit à des résultats nombreux parmi lesquels nous signalerons ce théorème, selon nous fort remarquable :

Théorème. — *Pour toutes les valeurs de m supérieures à 3, et quel que soit l'ordre a, la somme S_{m+4}^j est congrue à la somme S_m^j selon le module 10.*

Comme ce module 10 est précisément la base de notre numération, ce théorème peut encore s'énoncer ainsi :

Les valeurs numériques de S_{m+4}^j et de S_m^j finissent toujours par le même chiffre.

Et c'est ce qui explique que certaines congruences, dues à M. Estanave et relatives au cas particulier des combinaisons simples, aient pu être découvertes par la simple observation.

Ce théorème est très général; il ne dépend ni de a, ni de j, et il suppose seulement que m soit supérieur à 3. Il pourrait cependant être encore généralisé. Au lieu de considérer les sommes des nombres, pris de quatre en quatre, des combinaisons régulières d'ordre quelconque, on pourrait considérer les sommes de ces mêmes nombres pris de p en p. On arriverait alors à des congruences nouvelles ; seulement ces congruences nouvelles n'auraient pas d'ordinaire pour module le nombre 10 : l'observation, non aidée du calcul, serait impuissante à les déceler.

III.

Mémoire sur les inversions élémentaires des permutations (*Memorie della Pontificia Accademia Romana dei Nuovi Lincei*, t. XXIV, p. 189–223, Roma, 1906).

En toute permutation des n premiers nombres, deux éléments pris au hasard nous offrent deux ordres simultanés : l'ordre où ils sont placées dans la permutation, c'est-à-dire l'ordre chronologique où ils se succèdent quand on la lit ; l'ordre où ils se succédaient dans la suite d'où on les a tirés, c'est-à-dire dans la suite naturelle des nombres. C'est sur la comparaison de ces deux ordres simultanés que reposent la notion des inversions imaginée par Cramer au milieu du XVIIIe siècle, et la notion des séquences imaginée par Bienaymé et développée par moi vers la fin du XIXe. Je me suis proposé, dans le présent Mémoire, de leur en adjoindre une troisième : celle des inversions élémentaires qu'on peut définir ainsi :

Dans une permutation quelconque des n premiers nombres, deux éléments forment une inversion élémentaire lorsqu'ils sont consécutifs et que le second d'entre eux est plus petit que le premier.

J'étudie d'abord les inversions élémentaires dans les permutations rectilignes des n premiers nombres, et j'indique, par le symbole $P_{n,e}$, combien il y a de permutations qui contiennent chacune e inversions élémentaires ; je fais connaître la relation de récurrence qui existe entre les nombres $P_{n,e}$ et les nombres de même sorte mais d'indice moindre $P_{n-1,e}$, $P_{n-1,e-1}$; et cette relation me permet de disposer en un triangle les valeurs numériques des symboles $P_{n,e}$, les lignes de ce triangle comptées de haut en bas, correspondant aux valeurs 2, 3, 4, 5, ... du premier indice ; et les colonnes comptées de gauche à droite, correspondant aux valeurs 0, 1, 2, 3, ... du second.

Passant aux permutations circulaires des mêmes n premiers nombres, j'indique par le symbole $Q_{n,e}$ combien il y en a qui renferment chacune e inversions élémentaires ; j'établis la relation de récurrence qui existe entre les nombres $Q_{n,e}$, $Q_{n-1,e}$, $Q_{n-1,e-1}$; puis je dispose les nombres $Q_{n,e}$ de façon à en former un triangle analogue au triangle des nombres $P_{n,e}$.

Chose remarquable, ces deux triangles sont identiques. Nous démontrons qu'il en doit être ainsi en établissant l'égalité

$$Q_{n,e} = P_{n-1,e-1},$$

et il en résulte évidemment qu'il suffit, par exemple, de considérer le seul triangle des nombres $Q_{n,e}$.

Je relie entre eux les nombres composant, dans ce triangle, la colonne de rang e, par la série

$$Q_{e+1,c} + Q_{e+2,c}\,z + Q_{e+3,c}\,z^2 + Q_{e+4,c}\,z^3 + \dots$$

où z représente une variable positive, et je montre que cette série verticale de rang e est convergente toutes les fois que z est inférieure à l'inverse de e. Je montre de plus que les termes de cette colonne de rang e forment une série récurrente dont l'équation génératrice a la forme très remarquable

$$G_1 G_2 G_3 \dots G_e = 0,$$

si l'on pose

$$G_t = (z-1)(z-2)(z-3)\dots(z-t).$$

Enfin, nous appuyant sur tous ces résultats, et désignant par C_n^t le nombre des combinaisons simples de n objets t à t, nous trouvons que le terme général de notre triangle est donné par l'égalité

$$Q_{n,e} = e^{n-1} - C_n^1(e-1)^{n-1} + C_n^2(e-2)^{n-1} - C_n^3(e-3)^{n-1} + \dots,$$

laquelle, sous forme condensée, peut s'écrire

$$Q_{n,e} = \sum_t^{e-1} (-1)^t C_n^t (e-t)^{n-1}.$$

Il est évident que l'expression de $P_{n,e}$ s'en déduisait immédiatement.

IV.

Des Notations mathématiques; énumération, choix et usage. (1 vol. in-8 (25-16) de xviii-501 pages. Paris, Gauthier-Villars, 1909.)

Cet Ouvrage est le plus étendu des travaux que j'aie encore publiés. J'ai passé, à le préparer et à l'écrire, plus de trente ans de ma vie. Pour en donner

une idée, je vais transcrire ici, presque en entier, le commencement et la fin
du Discours qui le précède.

Définition des notations mathématiques (¹). — En tout écrit moderne sur les
Mathématiques, chaque page pour ainsi dire, abstraction faite des figures et
autres illustrations nécessaires, nous présente des écritures de deux sortes :
d'une part, un texte tout à fait analogue à un texte littéraire ; de l'autre, un
ensemble de lettres, de chiffres, de signes, de symboles, c'est-à-dire un ensemble
de caractères idéographiques spéciaux. La première de ces parties pourrait se
nommer le *discours ;* la seconde s'appelle d'ordinaire l'*algorithme* de la question
Ce sont les éléments variés constituant cet algorithme que nous désignons par
la locution générale de *notations mathématiques.*

Le présent Ouvrage est consacré entièrement à l'étude de ces notations.

Cette étude, semblable en cela à l'Algèbre, est à la fois une science, et un art :
une science, puisqu'elle nous fait connaître les notations usitées, leur forme,
leur signification, leur origine, leur histoire ; un art, puisqu'elle nous donne
des règles sûres pour les bien choisir et les bien employer.

Objet et but du présent Ouvrage (²). — Comme son titre l'indique, cet Ouvrage
se compose de trois Parties : énumération, choix et usage. La première est la
science des notations ; la deuxième, l'art de les choisir ; la troisième, l'art de les
employer.

Dans la première, nous faisons connaître les notations actuellement usitées,
la manière de les écrire, de les disposer, de les rendre absolument correctes.
Nous nous y occupons seulement des notations usitées couramment dans les
Mathématiques des divers ordres, ne nous arrêtant point à celles qu'on n'em-
ploie qu'à titre exceptionnel. C'est, pourrait-on dire, l'exposé des notations con-
temporaines.

Dans la deuxième et la troisième Partie, nous donnons les règles simples
et nettes qui doivent présider au choix et à l'usage des signes. Ces règles sont
fondées sur ce principe évident qu'il faut s'inspirer de l'énoncé de la question,
c'est-à-dire de la nature des objets étudiés, de leurs propriétés, de leurs analogies,
de leurs différences, de leurs rapports, des divers modes de classification dont
ils sont susceptibles. Frappés des avantages que nous offrent les formules et
équations symétriques, plusieurs auteurs recommandent de chercher la symétrie. Précepte trop étroit, puisqu'il ne vise qu'une qualité, et souvent inap-

---

(¹) *Des Notations mathématiques : Discours préliminaire,* p. v.
(²) *Des Notations mathématiques : Discours préliminaire,* p. xvi.

plicable, puisque bien des expressions veulent être dissymétriques. Pour nous, il ne faut chercher en particulier ni la symétrie, ni la dissymétrie, ni aucune autre qualité spéciale. Ce qu'il faut chercher toujours, avant tout, c'est la vérité des notations.

Afin de bien montrer et faire comprendre l'esprit de nos règles, leur signification exacte et la manière de les appliquer, nous ferons suivre chacune d'elles d'exemples nombreux et variés nous en présentant, les [uns une application correcte, par conséquent à imiter, les autres une infraction plus ou moins grave, mais très nette. Ces derniers seront de beaucoup les plus nombreux, car, s'il n'y a qu'une manière d'observer fidèlement une règle, il y en a une multitude de l'enfreindre. D'ailleurs, pour qu'ils soient à la portée d'un plus grand nombre de lecteurs, nous avons toujours choisi nos exemples, soit de bonne, soit de mauvaise écriture, parmi les plus simples et les plus courts.

Quelques-unes des fautes que nous condamnons paraîtront peut-être à plusieurs très légères, pour ne pas dire insignifiantes; elles ne seront à leurs yeux que des minuties indignes de nous arrêter. Mais certaines minuties sont d'une grande importance. L'illustre médecin Stoll a intitulé l'un des Chapitres les plus utiles qu'il ait écrits : *De quibusdam magni momenti minutiis*. Ce titre conviendrait admirablement à bien des paragraphes du présent Ouvrage. Est-il, d'ailleurs, beaucoup plus ridicule de s'occuper des minuties de l'écriture pour la rendre excellente que des minuties du raisonnement pour le rendre rigoureux? En de telles matières, on ne saurait se montrer trop exigeant : pour atteindre au bien, il faut viser au parfait.

Il se peut même, tant la plupart de nos règles sont naturelles, simples, évidentes que bon nombre de nos lecteurs les jugent inutiles. Tout cela, diront-ils, on le savait. Sans doute. Mais, si on le savait, pourquoi ne l'appliquait-on pas? Pourquoi les fautes les plus graves se rencontrent-elles dans des Ouvrages sérieux, et les plus légères même dans des chefs-d'œuvre? C'est qu'on ne s'en occupe pas; c'est qu'on écrit trop vite; c'est que la bonne écriture paraît chose négligeable. Et cependant, de toutes les Sciences, n'est-ce pas la Mathématique qui fait le plus grand usage des signes spéciaux et qui en tire le plus de profit. Les notations bien choisies, bien employées ne sont-elles point pour un travail mathématique une condition de succès et une garantie de durée? Nous voudrions appeler l'attention sur la nécessité d'écrire correctement. Nous voudrions que, grâce au présent Ouvrage, tout géomètre un peu attentif pût arriver à écrire bien, par principes, comme les mieux doués écrivent bien, tout naturellement, par une sorte d'instinct.

TABLE DES MATIÈRES.

46090   PARIS. — IMPRIMERIE GAUTHIER-VILLARS.
Quai des Grands-Augustins, 55.